Inhaltsverzeichnis

W0059349

| | Größen | bearbeitet |

Euro

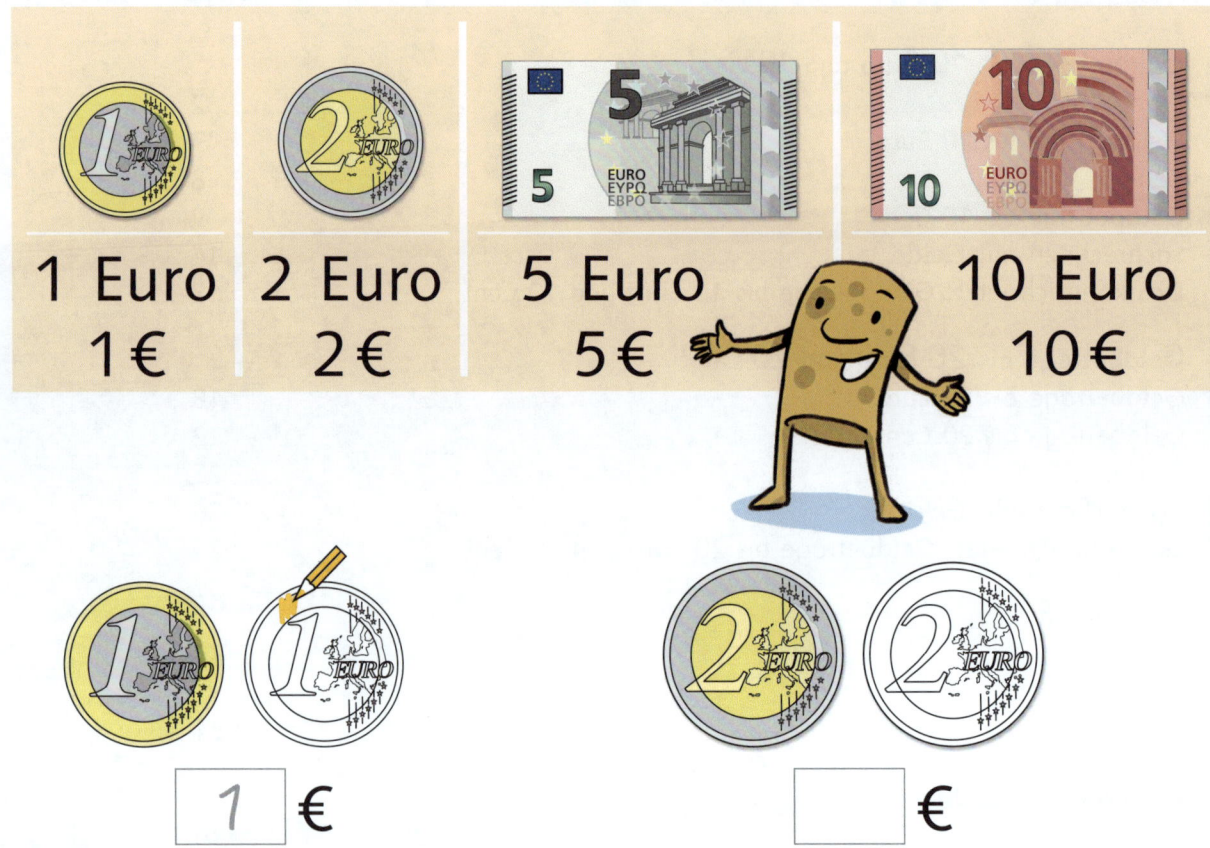

1 Euro	2 Euro	5 Euro	10 Euro
1 €	2 €	5 €	10 €

1

1 €

☐ €

☐ €

☐ €

2

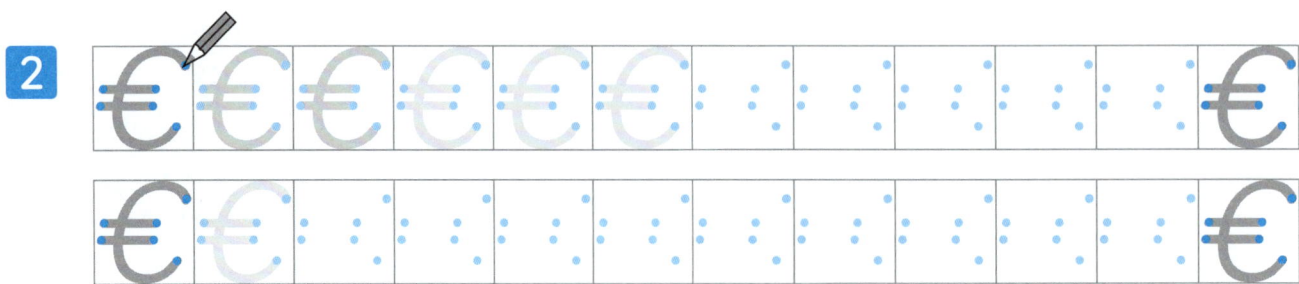

Münzen und Geldscheine im Wert bis 10 Euro kennenlernen
1 Münzen farbig gestalten, Wert bestimmen
2 Eurozeichen nachspuren bzw. schreiben

So gut kann ich die Aufgaben: ☑ ?

Geldbeträge bis 10 Euro

1 Immer 3 Euro

2 Immer 5 Euro

3 Immer 6 Euro

4 Immer 10 Euro

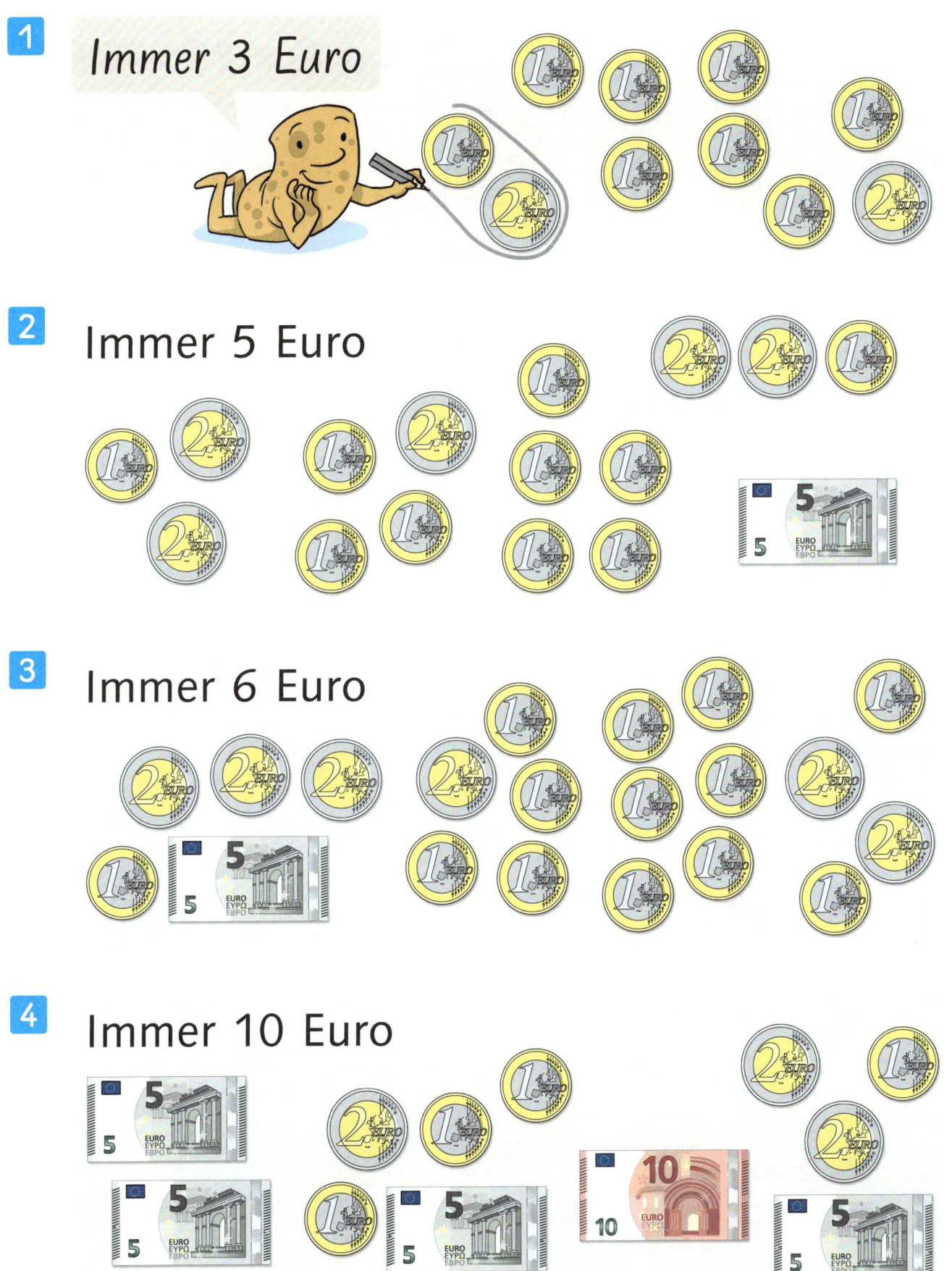

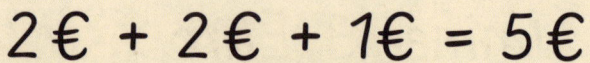

$2€ + 2€ + 1€ = 5€$

1

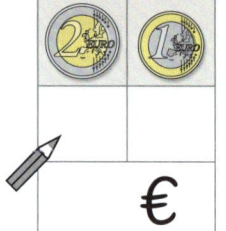

2

Münzen und Geldscheine zählen, Strichlisten führen,
Beträge errechnen und eintragen
2 dazu das Eurozeichen schreiben

So gut kann ich die Aufgaben: ☑ ?

1

6 €

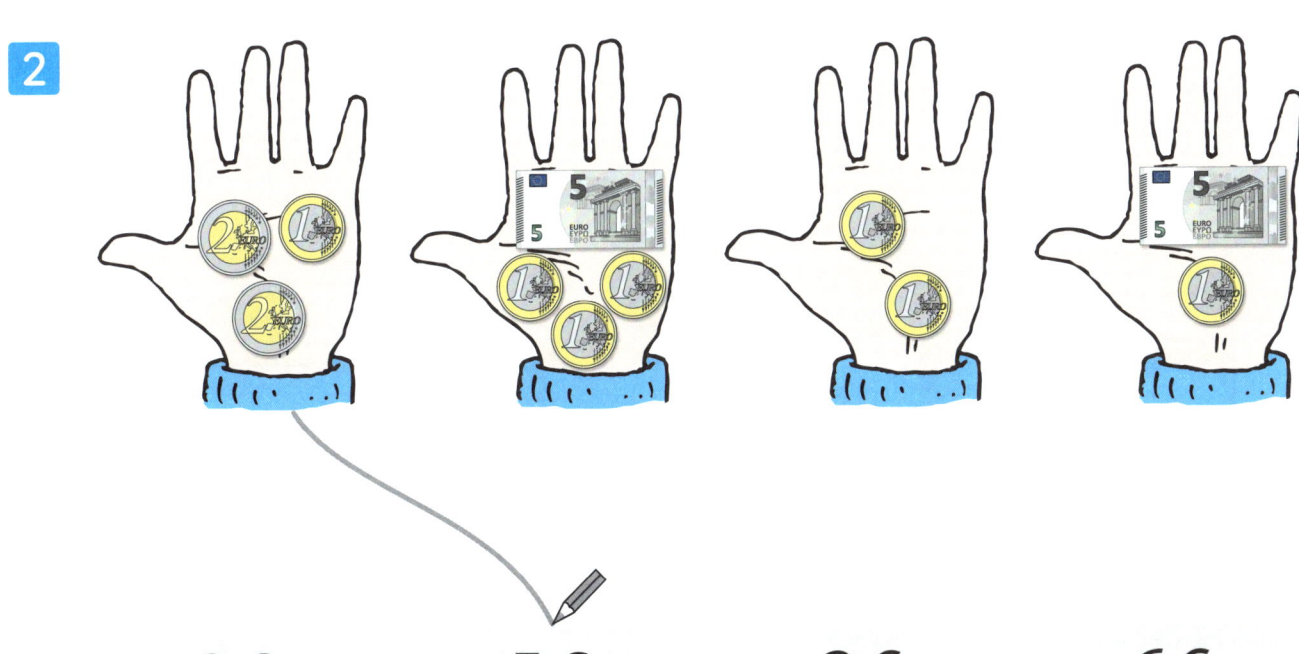

1

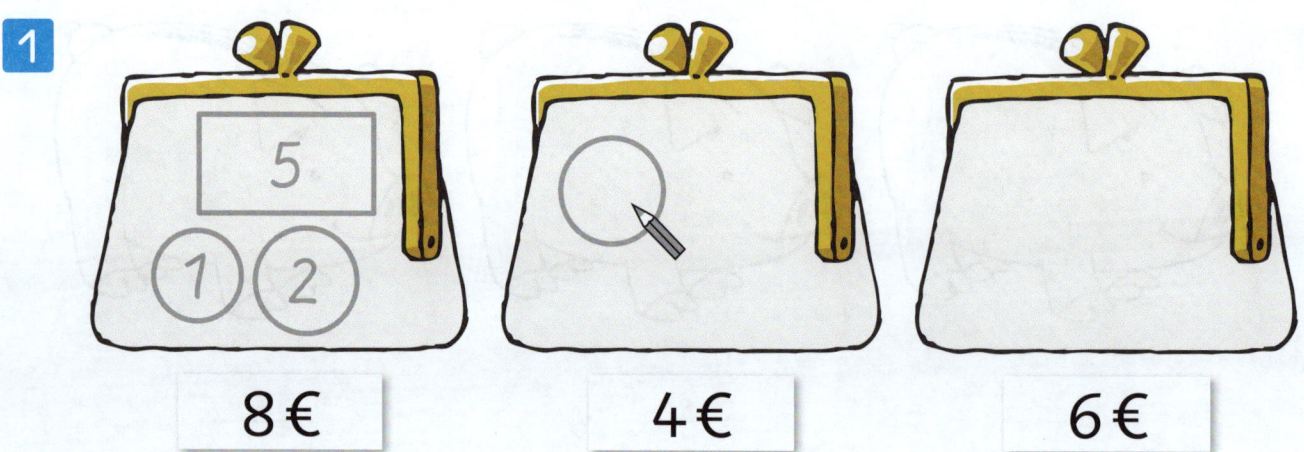

8 €   4 €   6 €

2

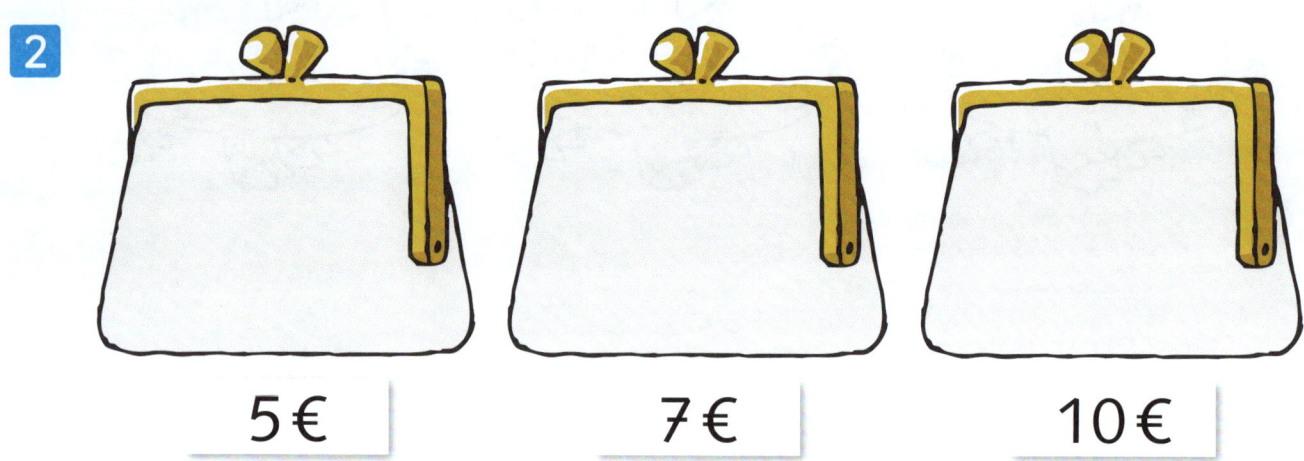

5 €   7 €   10 €

3
⭐

[ ] €   [ ] €   [ ] €

1, 2 Geldbeträge legen und zeichnen
3 Geldbeträge selbst wählen, legen und eintragen

So gut kann ich die Aufgaben: ✓ ?

1

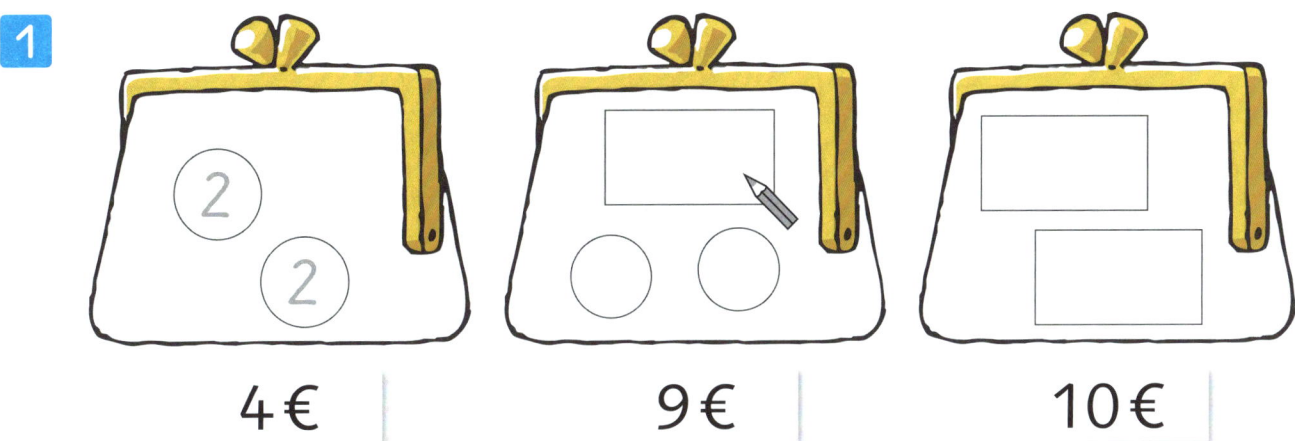

4 €   9 €   10 €

2 Immer 5 Euro

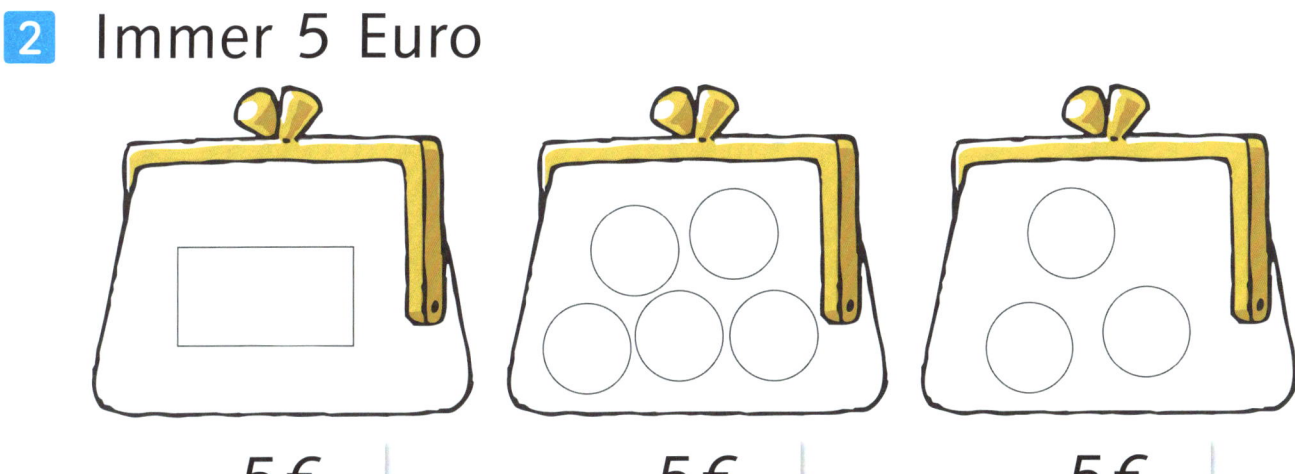

5 €   5 €   5 €

3 ★

☐ €   ☐ €   ☐ €

So gut kann ich die Aufgaben: ✓ ?

Geldbeträge mit der gegebenen Anzahl an Münzen/Scheinen legen und notieren 2 einen Geldbetrag auf verschiedenen Wegen legen 3 eigene Geldbeträge zu den Umrissen finden

7

Cent

1 Cent 1 ct	2 Cent 2 ct	5 Cent 5 ct	10 Cent 10 ct

1

[ ] ct

[ ] ct

[ ] ct

[ ] ct

2

c t c t c t c t c t

c t c t c t c t c t

Münzen im Wert bis 10 Cent kennenlernen
1 Münzen farbig gestalten, Wert bestimmen
2 Centzeichen nachspuren bzw. schreiben

So gut kann ich die Aufgaben: ✓ ?

Geldbeträge bis 10 Cent

1 Immer 4 Cent

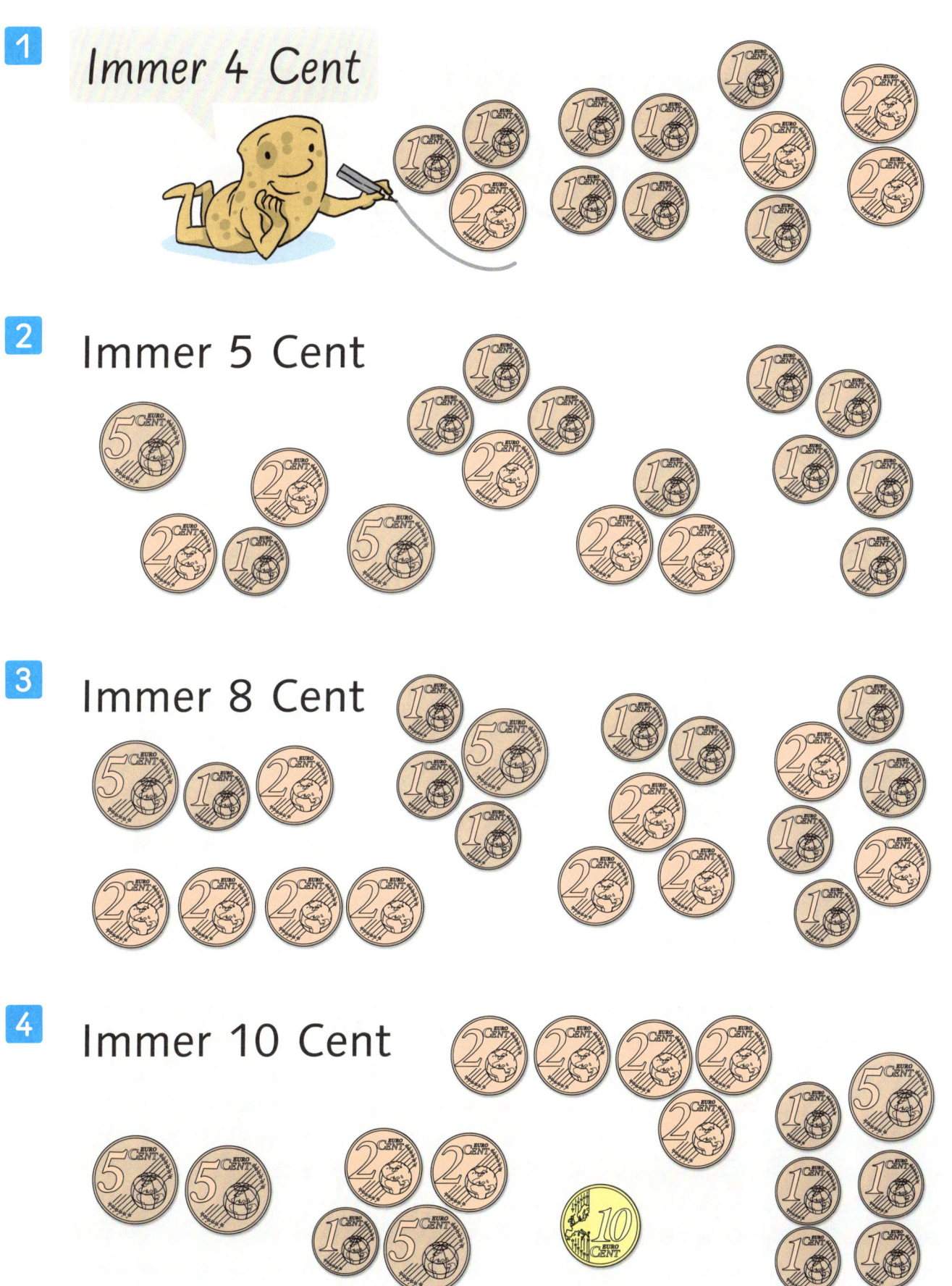

2 Immer 5 Cent

3 Immer 8 Cent

4 Immer 10 Cent

Münzen nach Angabe bündeln

$$2\,ct + 1\,ct + 1\,ct = 4\,ct$$

I	II
4 ct	

1

	II
2 ct	

ct	

2

ct		

Münzen zählen, Strichlisten führen, Beträge errechnen
und eintragen 2 dazu das Centzeichen schreiben

So gut kann ich die Aufgaben: ✓ ?

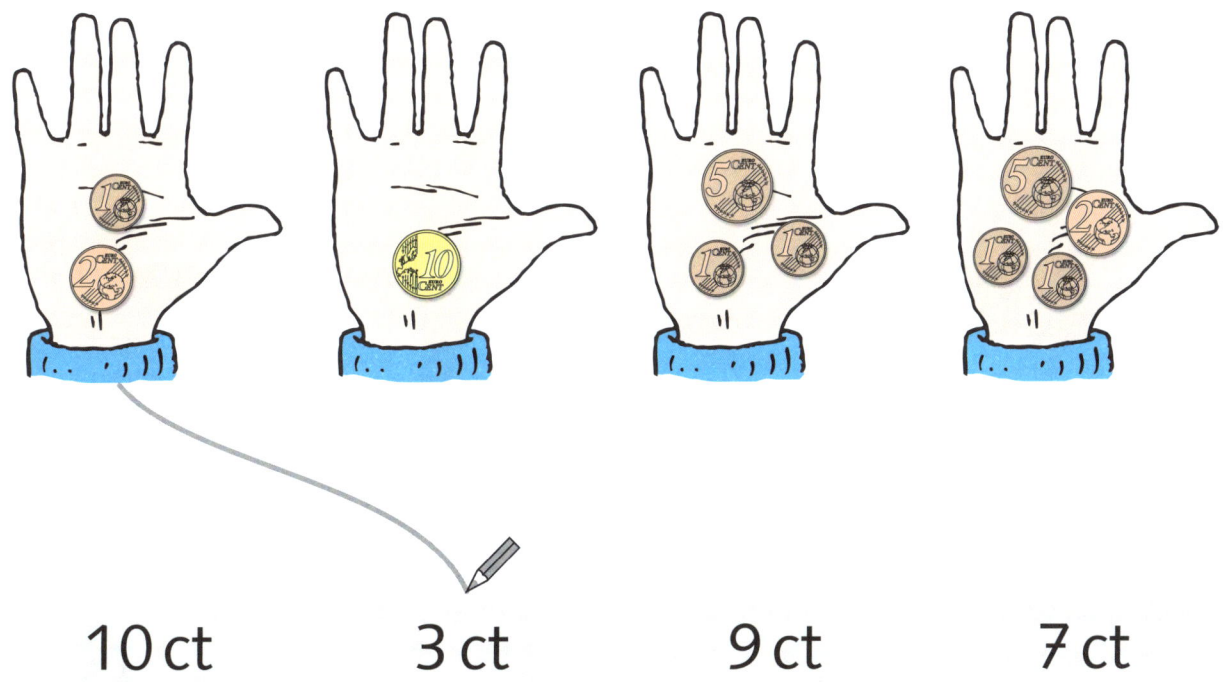

3 ct

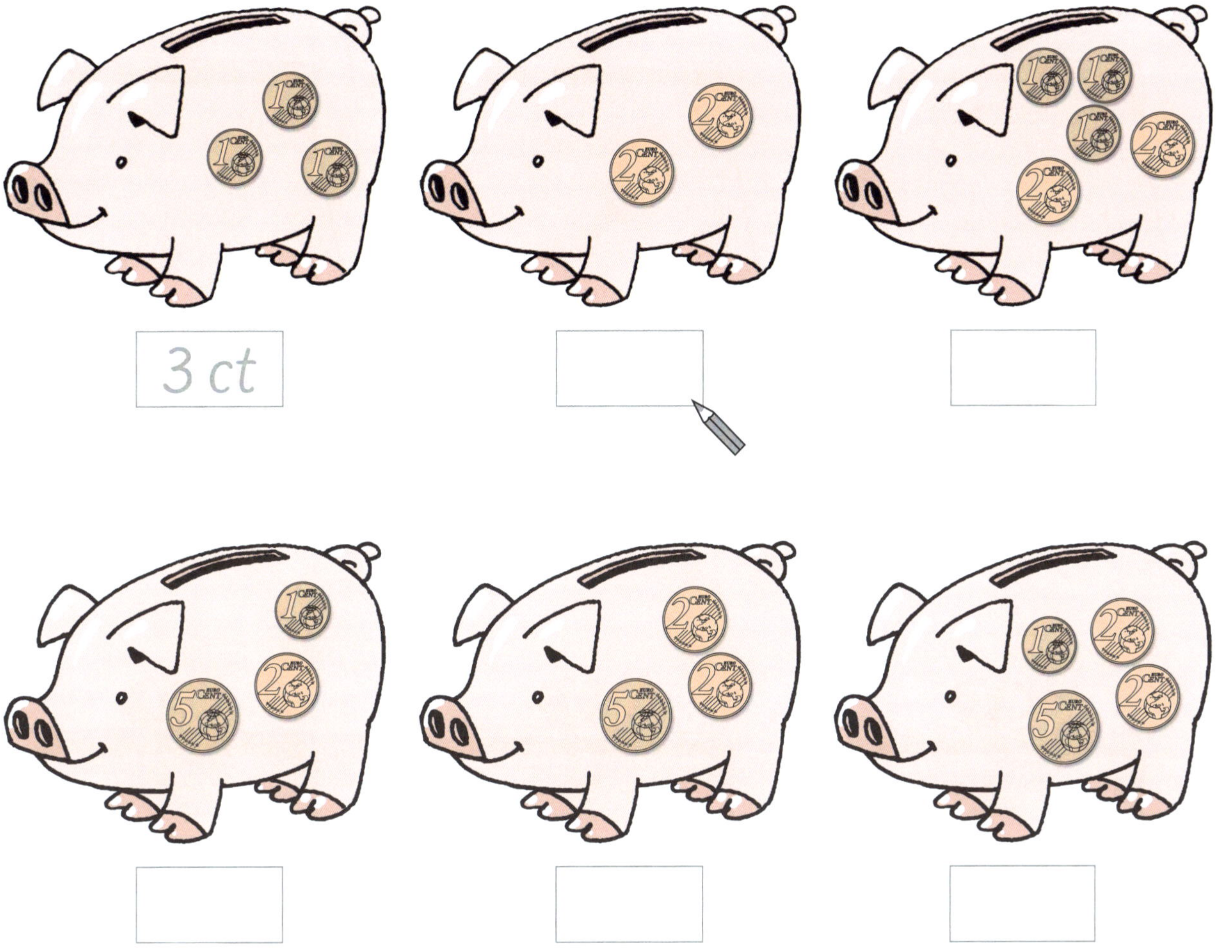

1

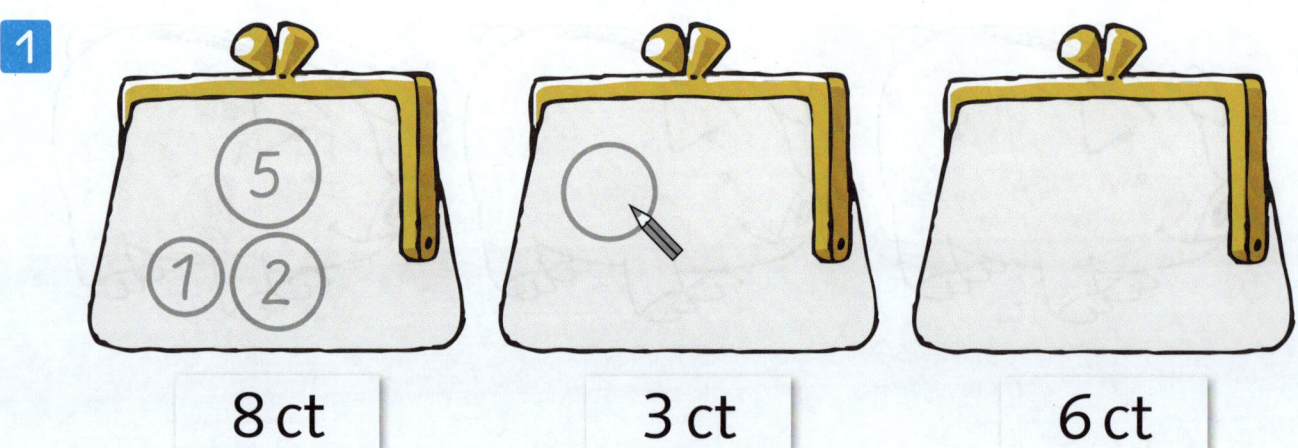

8 ct 3 ct 6 ct

2

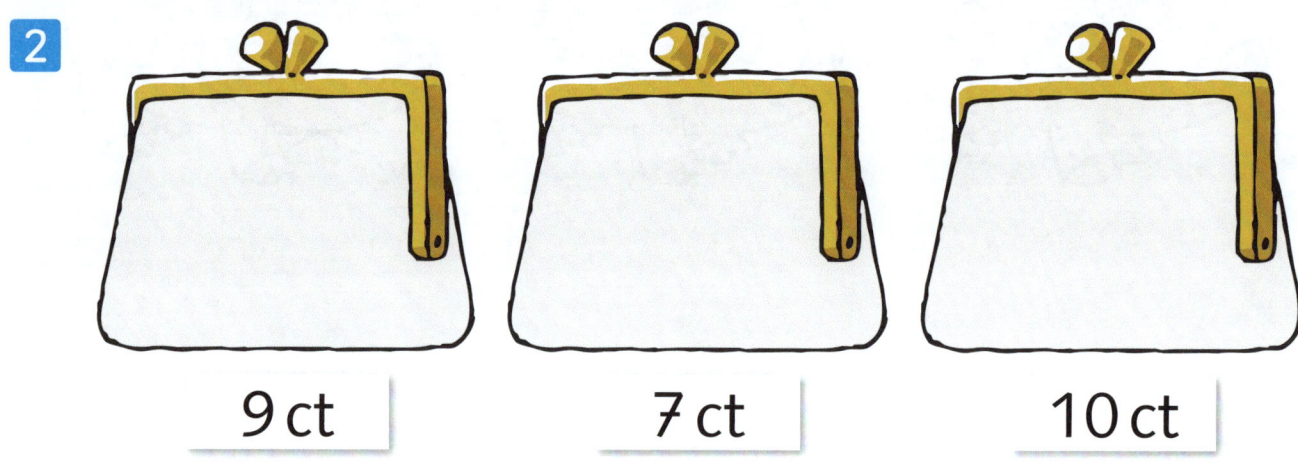

9 ct 7 ct 10 ct

3
★

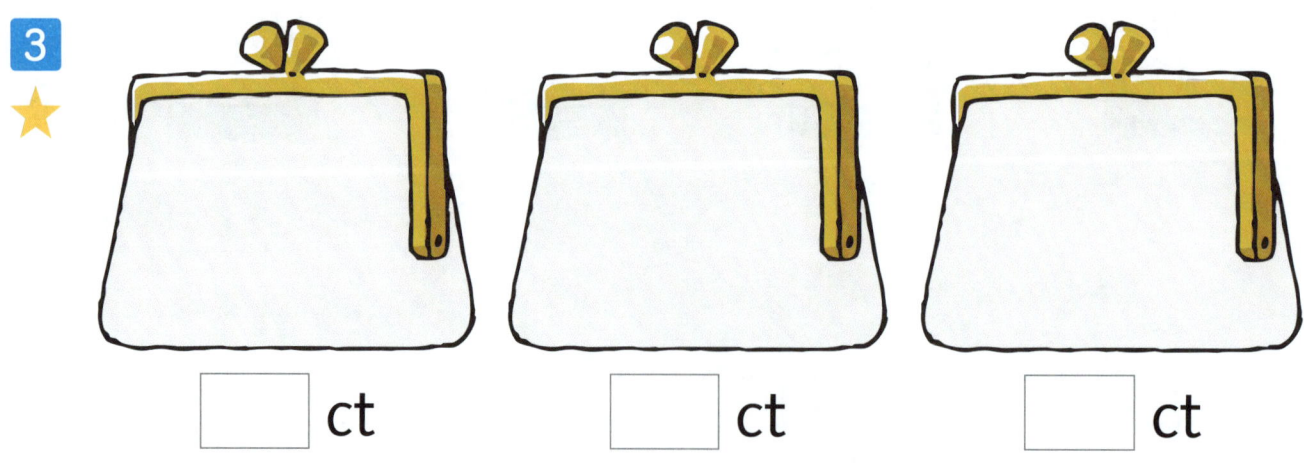

⬚ ct ⬚ ct ⬚ ct

1, 2 Geldbeträge legen und zeichnen
3 Geldbeträge selbst wählen, legen und eintragen

So gut kann ich die Aufgaben: ✓ ?

1

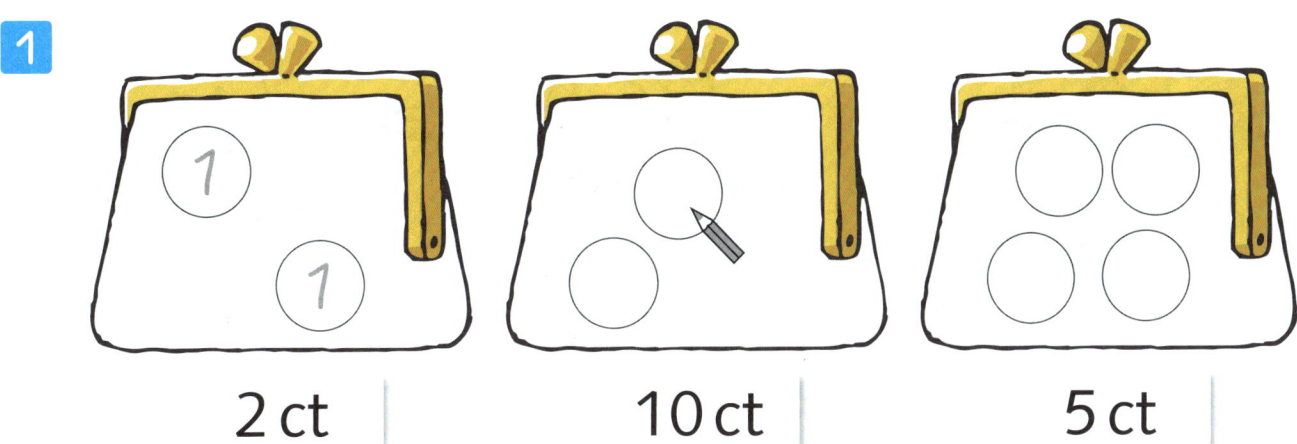

2 ct   10 ct   5 ct

2 Immer 6 Cent

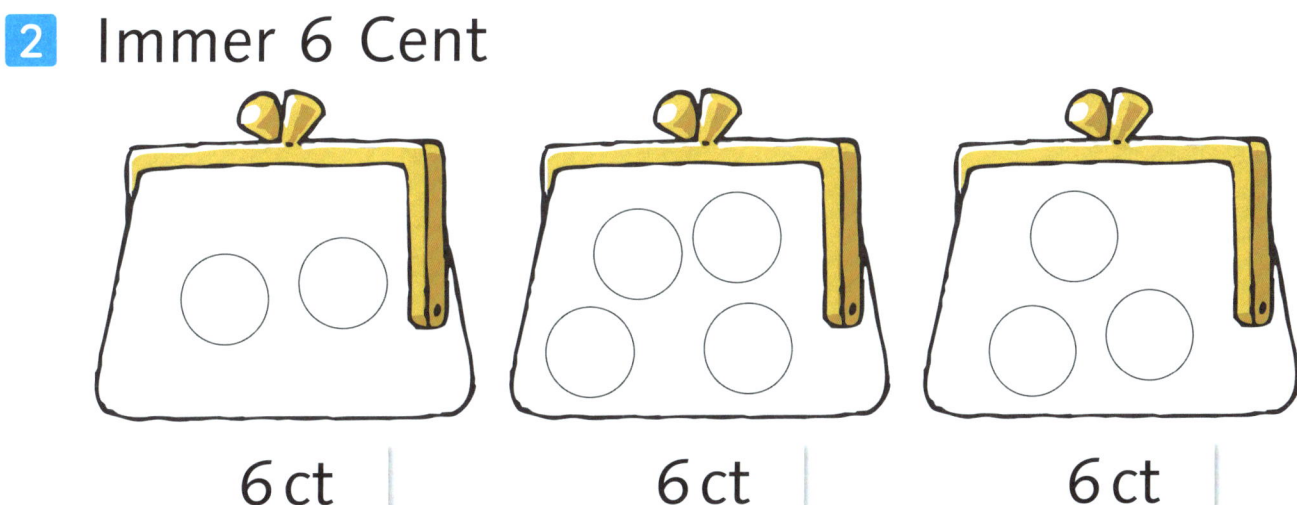

6 ct   6 ct   6 ct

3 ⭐

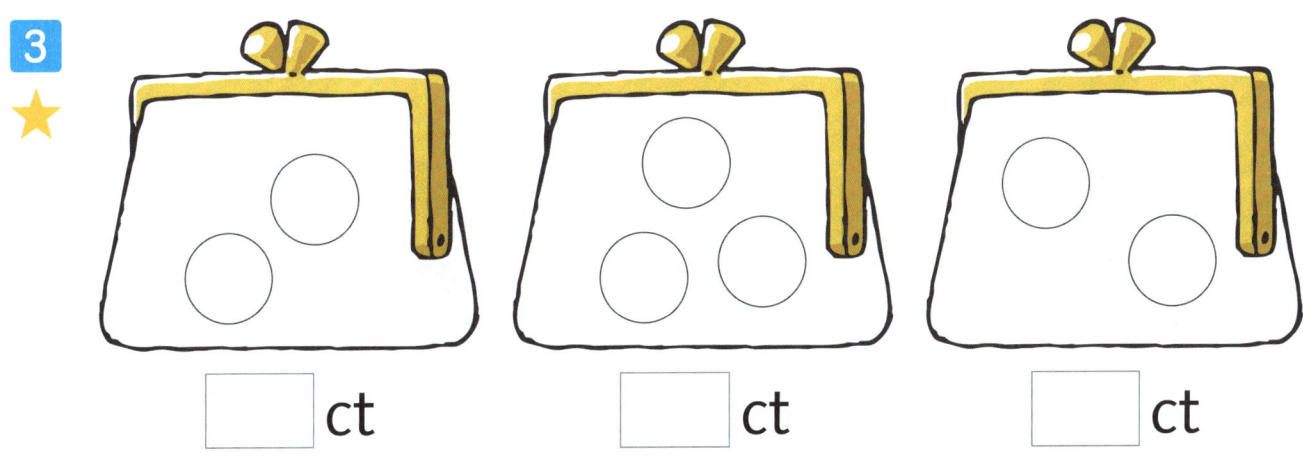

☐ ct   ☐ ct   ☐ ct

So gut kann ich die Aufgaben: ✓ ?

Geldbeträge mit der gegebenen Anzahl an Münzen legen und notieren 2 einen Geldbetrag auf verschiedenen Wegen legen 3 eigene Geldbeträge zu den Umrissen finden

13

Sachrechnen mit Geld

1 3 € ① ②

2 €

3 €

4 €

5 €

6 €

Einkaufssituation erfassen: Wie viel kostet es?
Preise ermitteln und notieren, passende Beträge „zahlen"/
legen und zeichnen

So gut kann ich die Aufgaben: ✓ ?

1

2 € + 3 € = ⬚ €

5

2

⬚ € + ⬚ € = ⬚ €

3

⬚ € + ⬚ € = ⬚ €

4 ⭐

⬚ € + ⬚ € + ⬚ € = ⬚ €

So gut kann ich die Aufgaben: ☑ ?

Wie viel kostet es zusammen?
Preise ermitteln und notieren, Gesamtbeträge errechnen,
passend „zahlen"/legen und zeichnen

15

1

Tim hat:	Tim kauft:	Tim bekommt zurück:
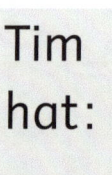	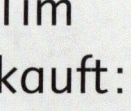	

☐ € − ☐ € = ☐ €

2

Mira hat:	Mira kauft:	Mira bekommt zurück:

☐ € − ☐ € = ☐ €

3 ⭐

Ömer hat:	Ömer kauft:	Ömer bekommt zurück:

☐ € − ☐ € − ☐ € = ☐ €

Wie viel bekommt das Kind zurück?
Geldbeträge erfassen, Verkaufswert abziehen,
Restbeträge berechnen und zeichnen

So gut kann ich die Aufgaben: ✓ ?

Geldbeträge bis 10 Euro und 10 Cent

1

 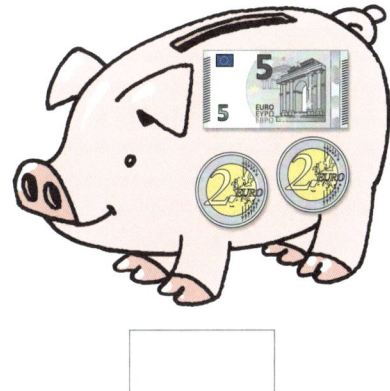

2

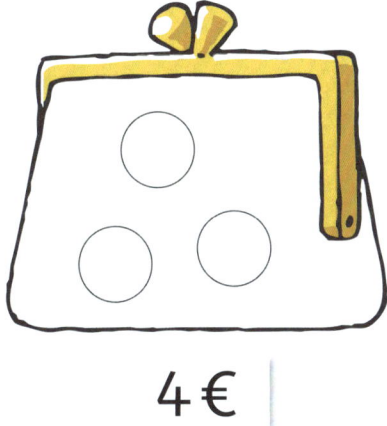 

4 € 10 ct

3

Dennis hat: Dennis kauft: Dennis bekommt zurück:

☐ € − ☐ € = ☐ €

Geldbeträge bis 20 Euro

1

2 Immer 12 Euro

3 Immer 15 Euro

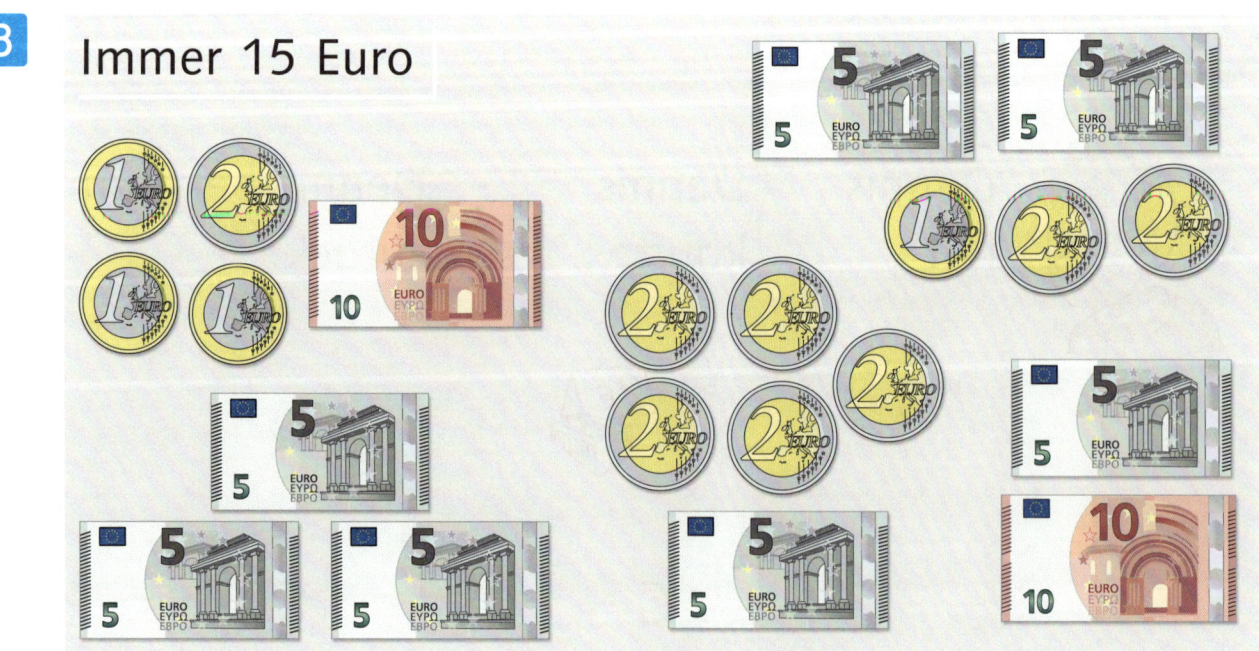

1 Münzen und Geldscheine wiederholen, 20-€-Schein kennenlernen 2, 3 Münzen und Geldscheine nach Angabe bündeln

So gut kann ich die Aufgaben: ✓ ?

1

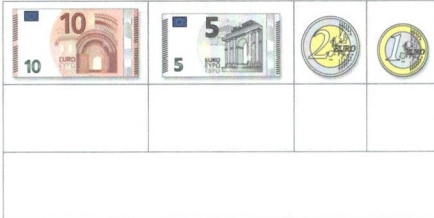

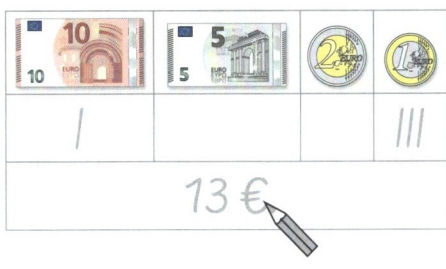			
I			III
13 €			

2

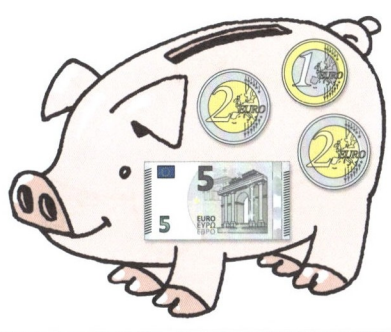

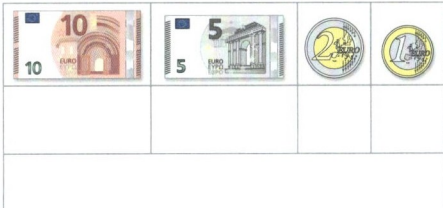			

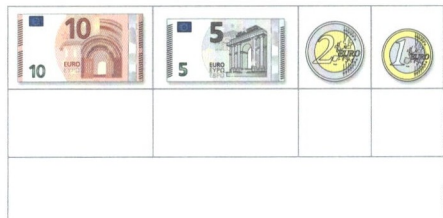			

3

1

12 €

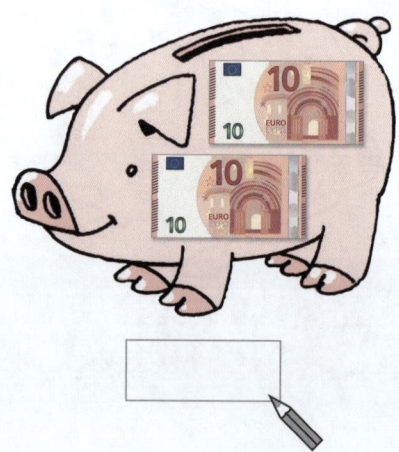

2

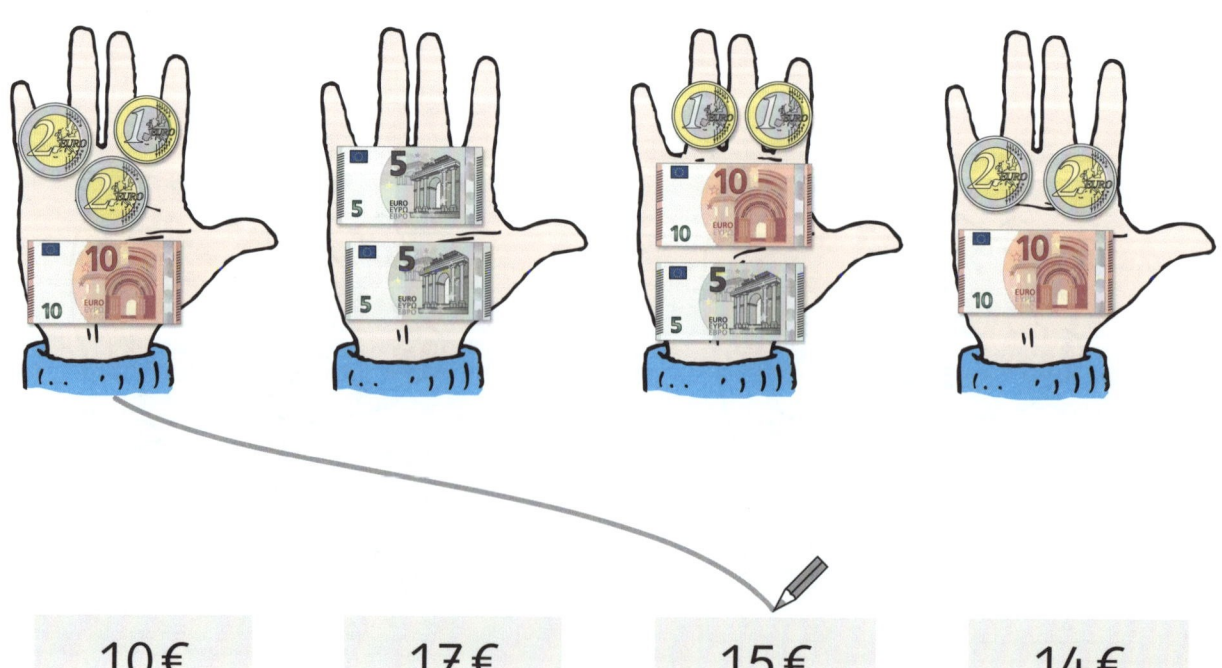

10 €   17 €   15 €   14 €

1 Beträge errechnen und eintragen
2 Geldbeträge errechnen und den richtigen Karten zuordnen

So gut kann ich die Aufgaben: ✓ ?

1

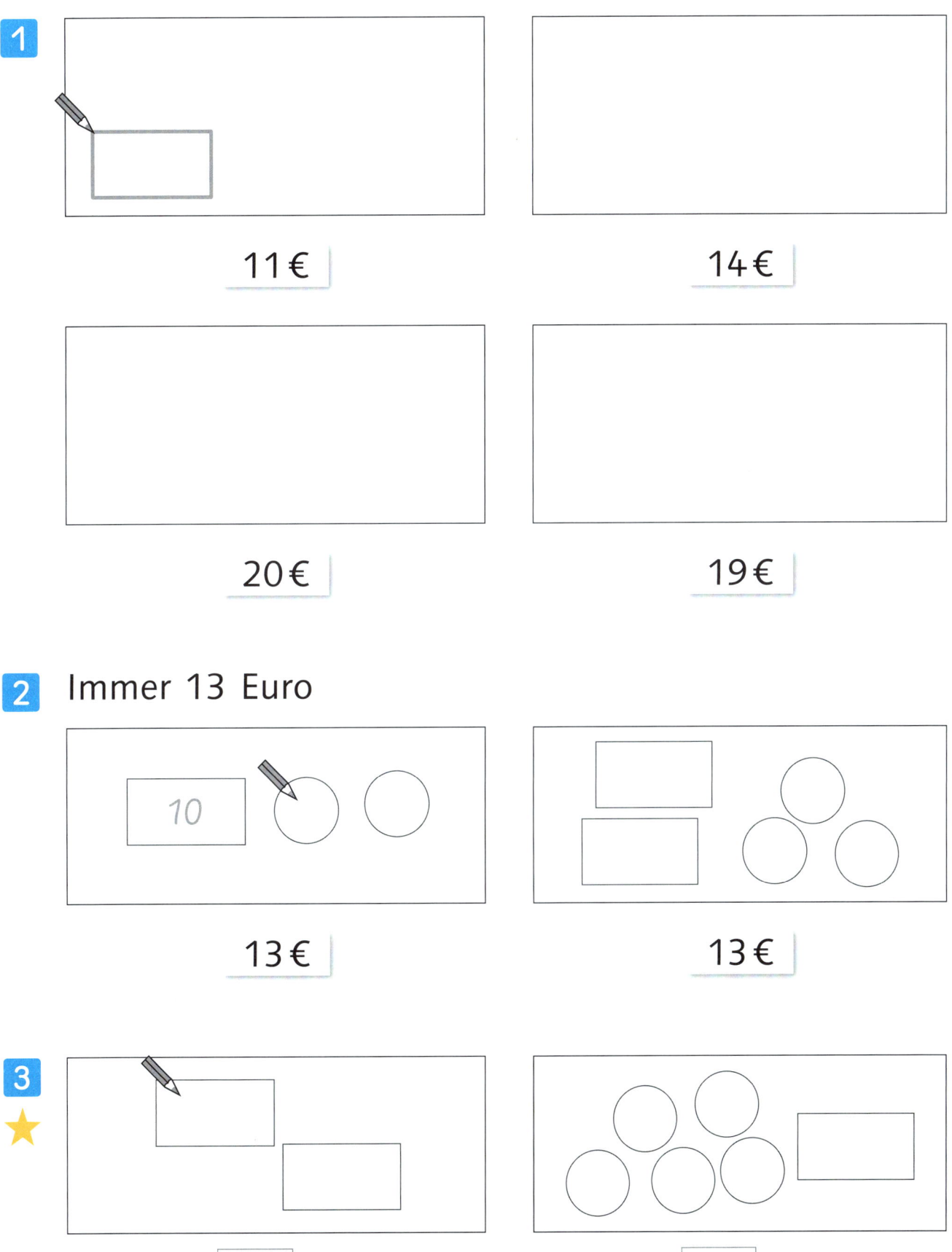

11 €

14 €

20 €

19 €

2 Immer 13 Euro

10

13 €

13 €

3 ⭐

☐ €

☐ €

So gut kann ich die Aufgaben: ✓ ?

1 Geldbeträge legen und zeichnen 2 einen Geldbetrag
auf verschiedenen Wegen legen und notieren 3 eigene
Geldbeträge zu den Umrissen finden und notieren

Geldbeträge bis 20 Cent

1

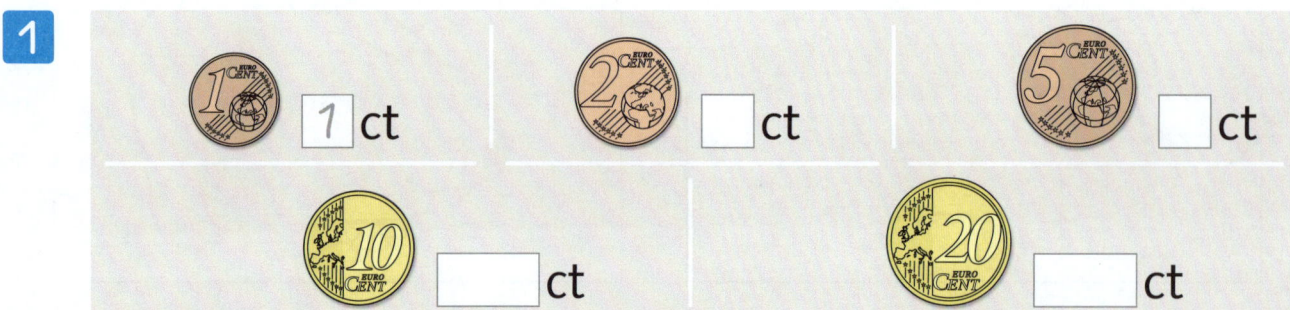

2

3

1 Centmünzen wiederholen, 20-ct-Münze kennenlernen
2, 3 Münzen nach Angabe bündeln

So gut kann ich die Aufgaben: ✓ ?

1

10	5	2	1
ct			

10	5	2	1

10	5	2	1

10	5	2	1

2

1

15 ct

12 ct

17 ct

20 ct

2 Immer 16 Cent

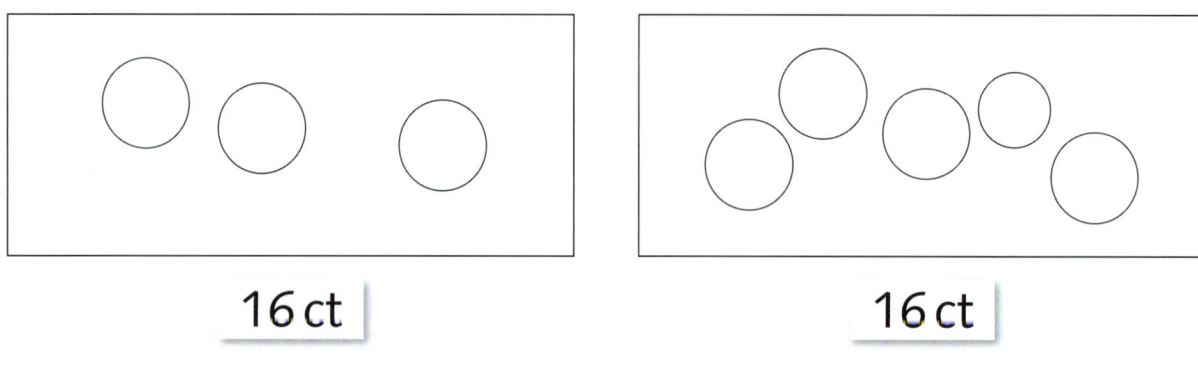

16 ct

16 ct

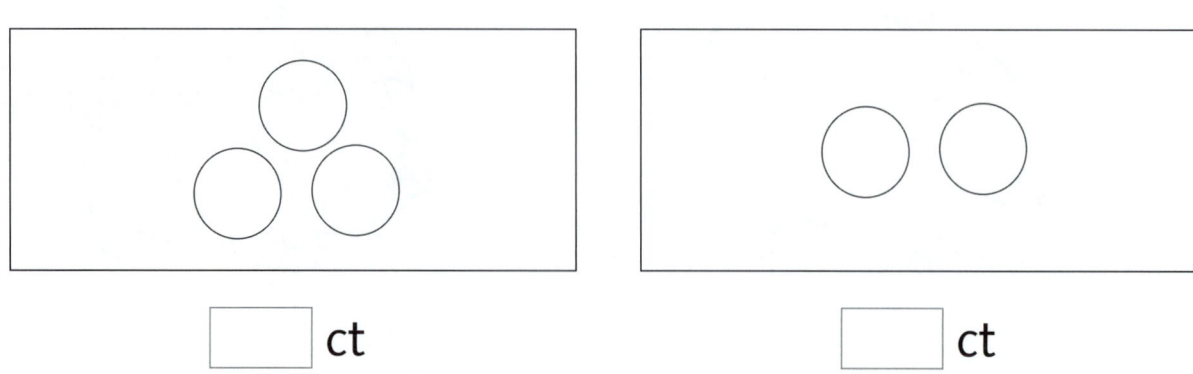

ct

ct

1 Geldbeträge legen und zeichnen 2 einen Geldbetrag auf verschiedenen Wegen legen und notieren 3 eigene Geldbeträge zu den Umrissen finden und notieren

So gut kann ich die Aufgaben: ✓ ?

Euro und Cent

1

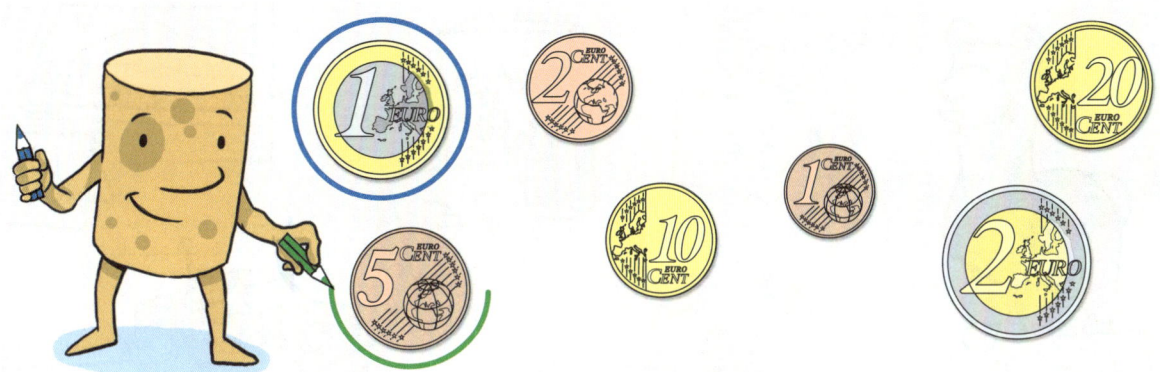

2 Wer hat mehr Geld?

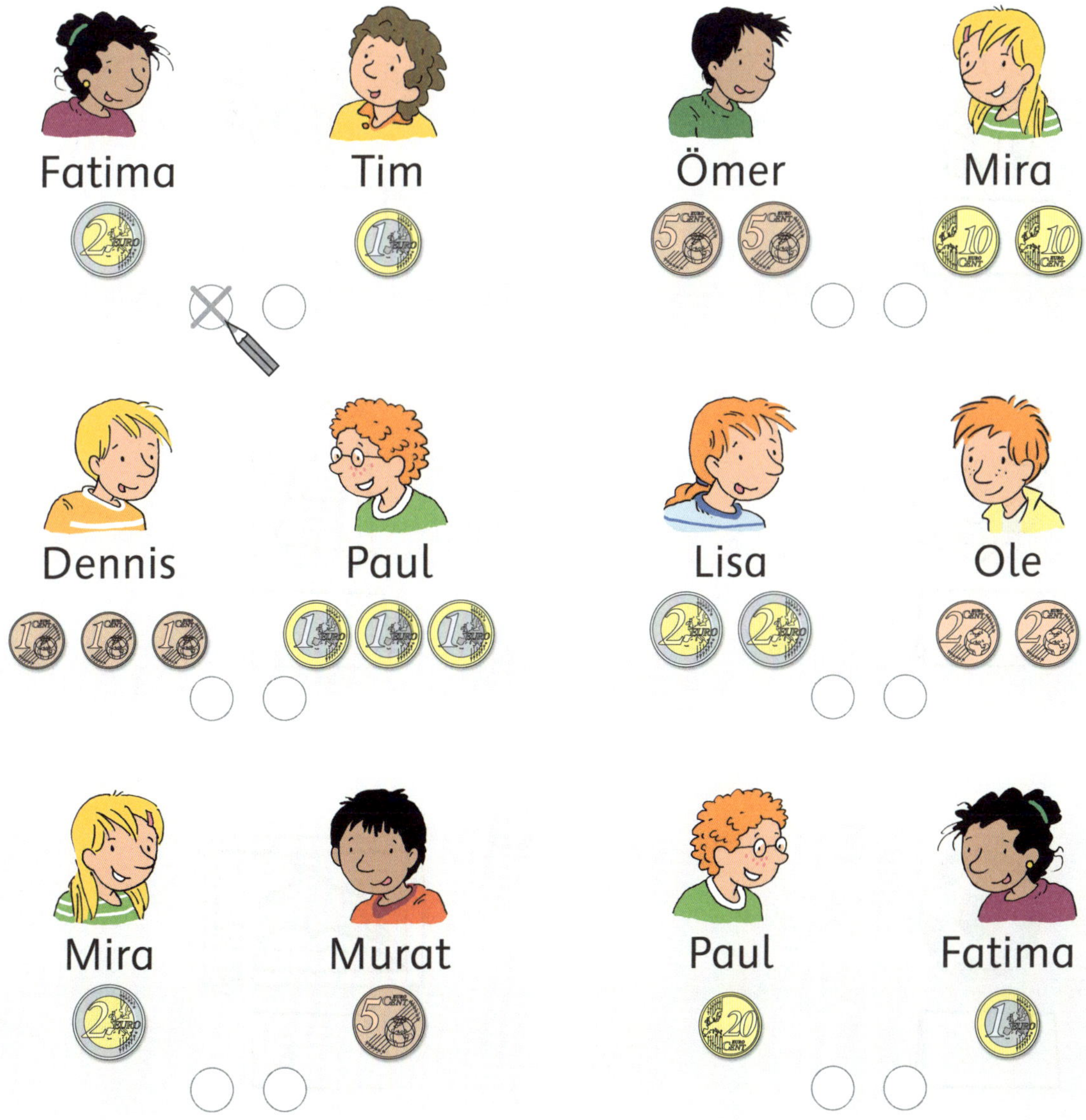
Fatima
Tim
Ömer
Mira
Dennis
Paul
Lisa
Ole
Mira
Murat
Paul
Fatima

So gut kann ich die Aufgaben: ✓ ?

1 Euro und Cent unterscheiden und einkreisen
2 Geldbeträge vergleichen

Sachrechnen mit Geld

1

2

3

4

5

6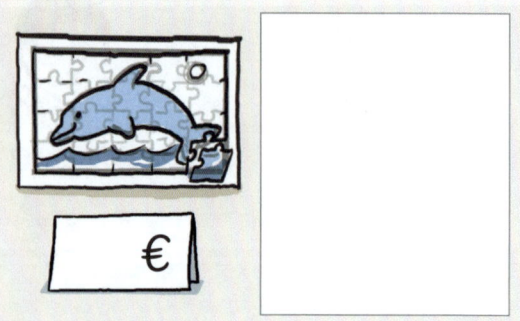

Einkaufssituation erfassen: Wie viel kostet es?
Preise ermitteln und notieren, passende Beträge „zahlen"/
legen und zeichnen

So gut kann ich die Aufgaben: ✓ ?

1

10 €

3 €

$\boxed{1}\boxed{0}$ € + $\boxed{3}$ € = $\boxed{}\boxed{}$ €

$\boxed{10}$ ② ①

2

€

€

$\boxed{}$ € + $\boxed{}$ € = $\boxed{}\boxed{}$ €

3

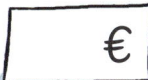
€

€

$\boxed{}$ € + $\boxed{}$ € = $\boxed{}\boxed{}$ €

4

€

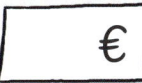
€

€

€

$\boxed{}$ € + $\boxed{}$ € + $\boxed{}$ € = $\boxed{}\boxed{}$ €

Wie viel kostet es zusammen?
Preise ermitteln und notieren, Gesamtbeträge errechnen,
passend „zahlen"/legen und zeichnen

1

Dennis hat:	Dennis kauft:	Dennis bekommt zurück:
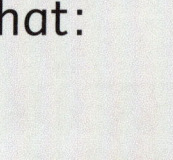 10	 7€	 ① ②

$$\boxed{1\ 0}\ € - \boxed{7}\ € = \boxed{}\ €$$

2

Lisa hat:	Lisa kauft:	Lisa bekommt zurück:
 20	 10€	

$$\boxed{}\ € - \boxed{}\ € = \boxed{}\ €$$

3 ★

Fatima hat:	Fatima kauft:	Fatima bekommt zurück:
 20	 4€ 5€	

$$\boxed{}\ € - \boxed{}\ € - \boxed{}\ € = \boxed{}\ €$$

Wie viel bekommt das Kind zurück?
Geldbeträge erfassen, Verkaufswert abziehen,
Restbeträge berechnen und zeichnen

So gut kann ich die Aufgaben: ✓ ?

Geldbeträge bis 20 Euro und 20 Cent

1

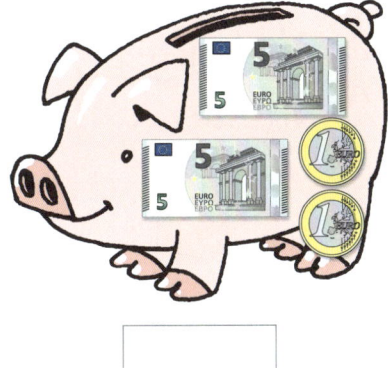

2

16 €

14 ct

3

Tim
hat:

Tim
kauft:

Tim bekommt
zurück:

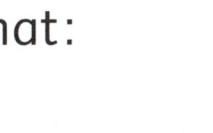

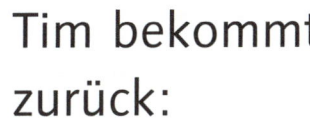

☐ € – ☐ € = ☐ €

Die Uhr

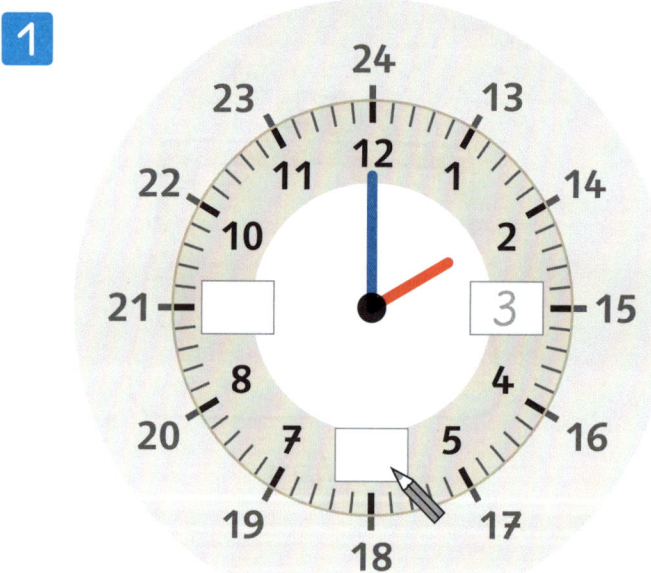

1

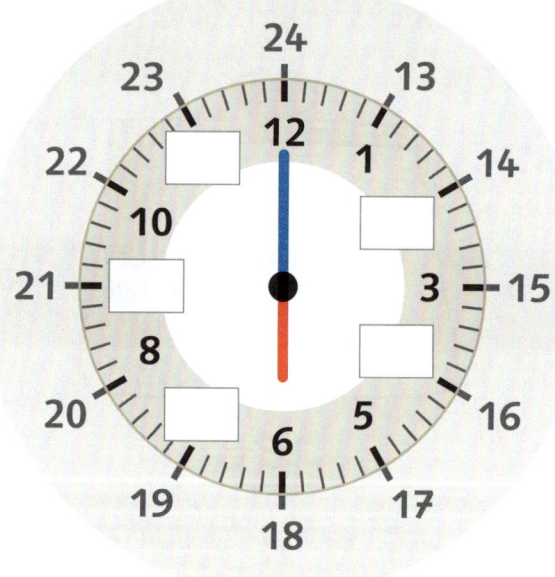

2

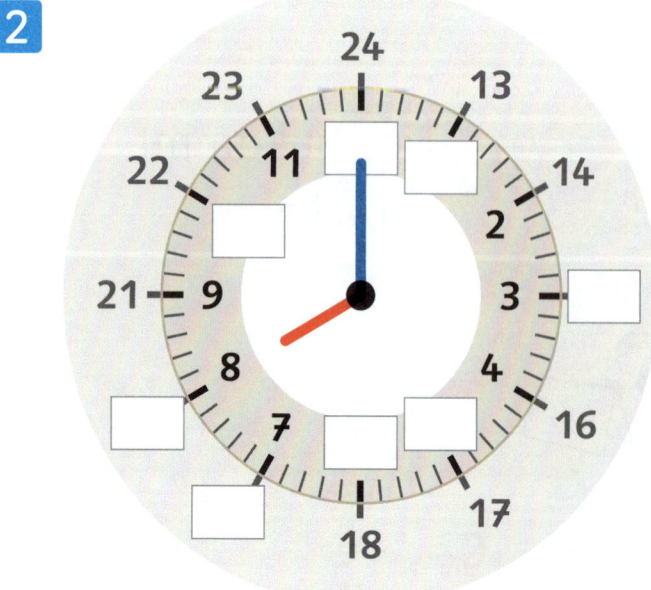

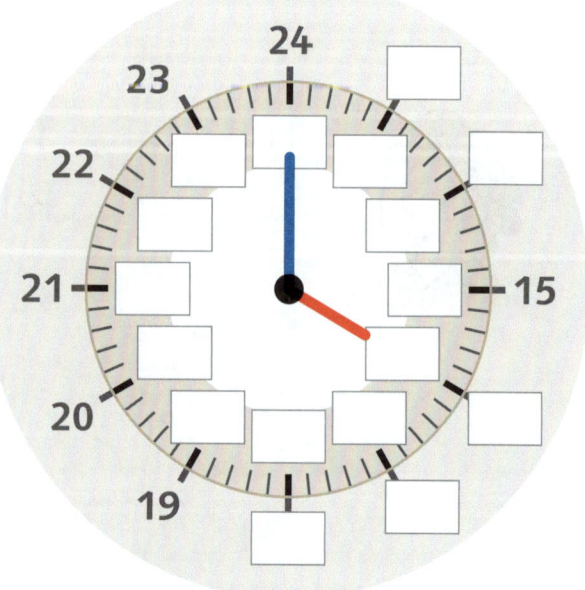

die Uhr und den Stundenzeiger kennenlernen
1, 2 fehlende Ziffern am Ziffernblatt eintragen

So gut kann ich die Aufgaben: ✓ ?

Die Uhrzeit

Wie spät ist es?

Es ist 3 Uhr morgens oder 15 Uhr am Nachmittag.

1

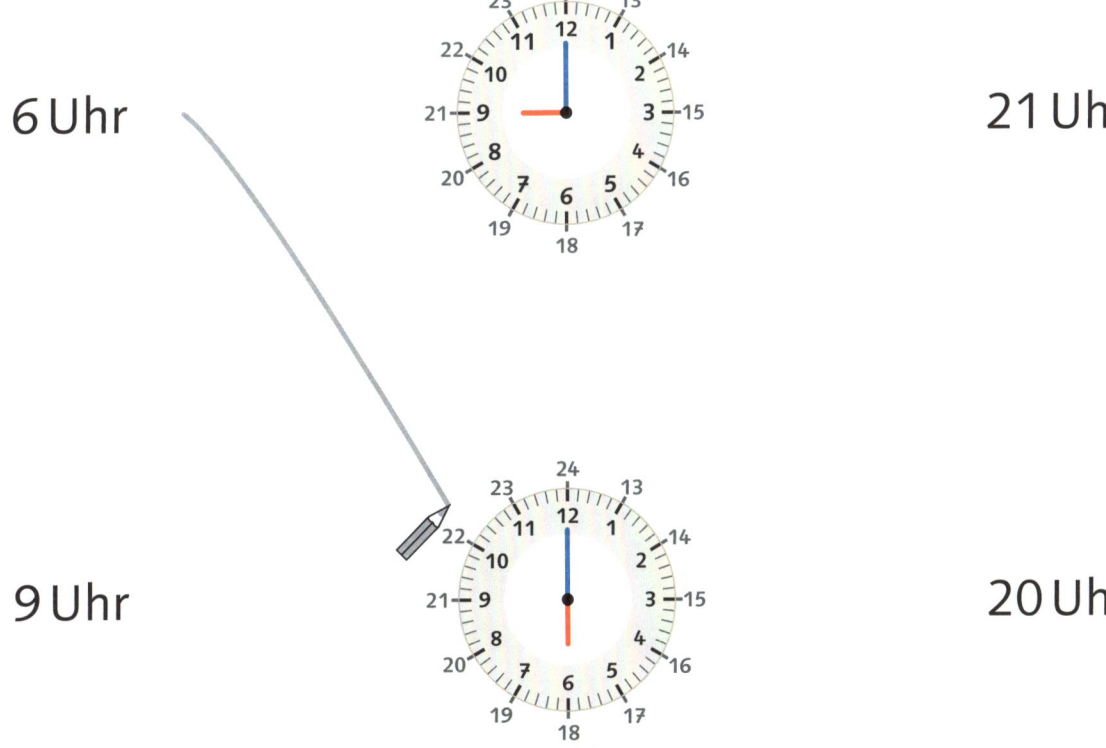

6 Uhr

21 Uhr

9 Uhr

20 Uhr

8 Uhr

18 Uhr

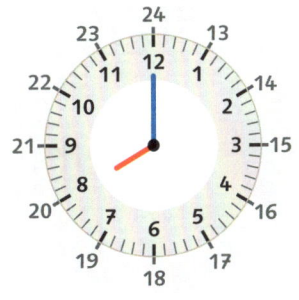

1

9 Uhr	Uhr	Uhr
21 Uhr	23 Uhr	24 Uhr

2

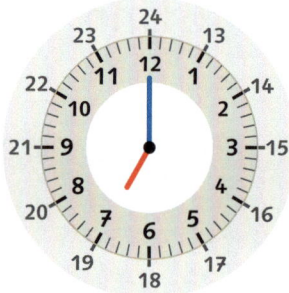

1 Uhr	5 Uhr	7 Uhr
Uhr	Uhr	Uhr

3

Uhr	Uhr	Uhr
Uhr	Uhr	Uhr

Uhrzeiten ablesen, Vormittags- oder/und Nachmittagszeiten eintragen

So gut kann ich die Aufgaben: ✓ ?

1

3 Uhr
15 Uhr

7 Uhr
19 Uhr

8 Uhr
20 Uhr

2

6 Uhr
18 Uhr

2 Uhr
14 Uhr

12 Uhr
24 Uhr

3

⭐

[   ] Uhr
[   ] Uhr

[   ] Uhr
[   ] Uhr

[   ] Uhr
[   ] Uhr

So gut kann ich die Aufgaben: ✓ ?

1, 2 für angegebene Uhrzeiten Zeiger einzeichnen
3 eigene Uhrzeiten auswählen, Zeiger einzeichnen
sowie Vormittags- und Nachmittagszeit eintragen

33

Der Tag

1

- ⊗ 7 Uhr
- ○ 19 Uhr

2

- ○ 9 Uhr
- ○ 21 Uhr

3

- ○ 11 Uhr
- ○ 23 Uhr

4

- ○ 1 Uhr
- ○ 13 Uhr

5

- ○ 3 Uhr
- ○ 15 Uhr

6

- ○ 6 Uhr
- ○ 18 Uhr

Wie spät kann es sein?
zum Bild passende Uhrzeit auswählen und ankreuzen

So gut kann ich die Aufgaben: ✓ ?

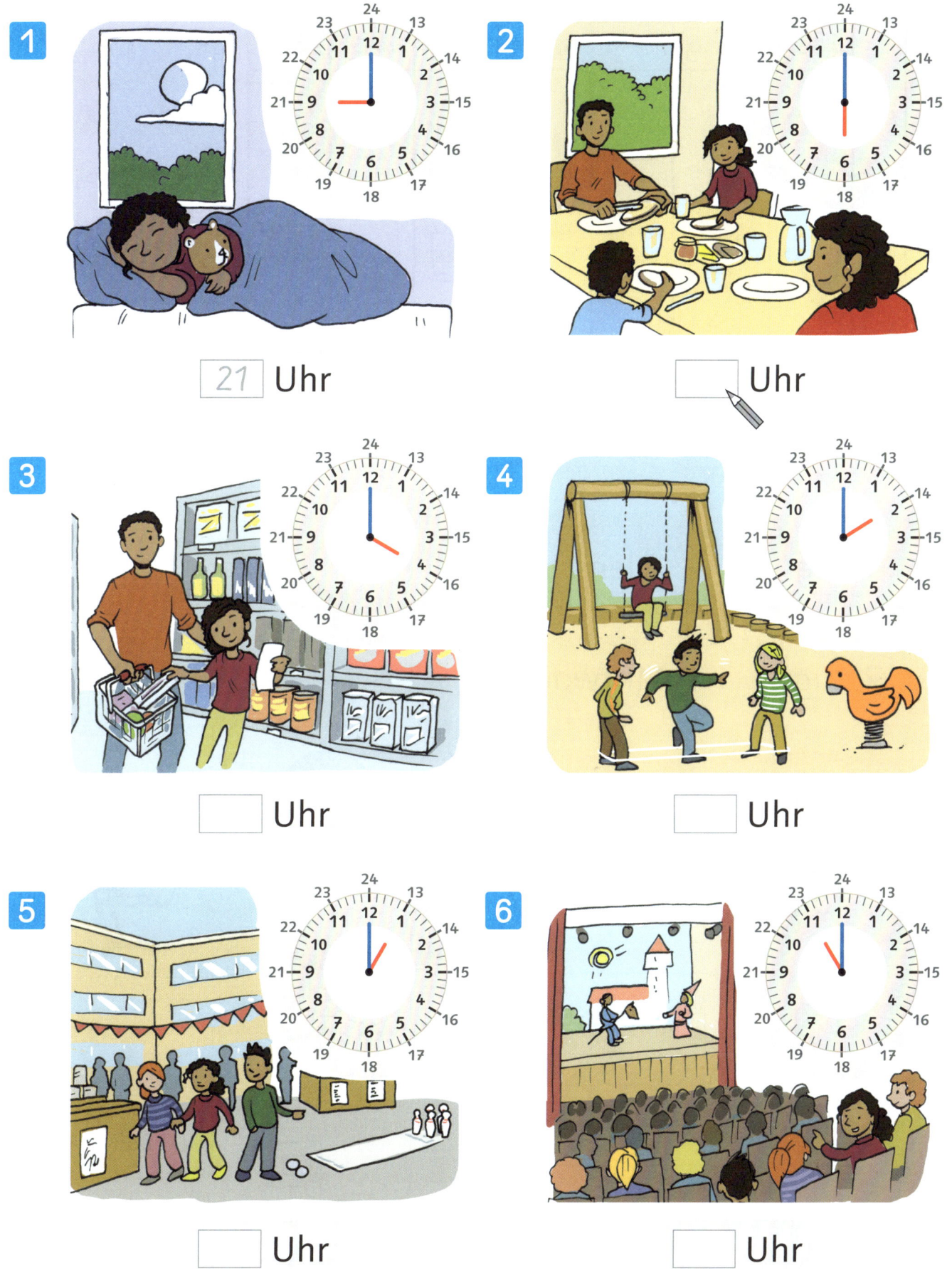

1 `21` Uhr

2 ⬜ Uhr

3 ⬜ Uhr

4 ⬜ Uhr

5 ⬜ Uhr

6 ⬜ Uhr

die Tageszeit erfassen, Uhrzeit eintragen

So gut kann ich die Aufgaben: ✓ ?

Die Woche

Die Woche hat 7 Tage.

1. Tag		Dienstag		
2. Tag		Mittwoch		
3. Tag		**Montag**		
4. Tag		Donnerstag		
5. Tag		Samstag		
6. Tag		Freitag		
7. Tag		Sonntag		

Wochentage und ihre Anordnung im Kalender kennenlernen;
Wochentage, ihre Ordnung in der Woche und die Aktivität aus
dem Planer durch Linien verbinden, farblich gleich kennzeichnen

So gut kann ich die Aufgaben: ☑ ?

1

Samstag	☐	Montag	1.		
Freitag	☐	Donnerstag	☐		
Sonntag	☐	Mittwoch	☐	Dienstag	☐

2

M

Dienstag

M

Donnerstag

F

S

★

S

Sonntag

M

So gut kann ich die Aufgaben: ☐✓ ☐?

1 Wochentage ordnen
2 Namen der Wochentage ergänzen

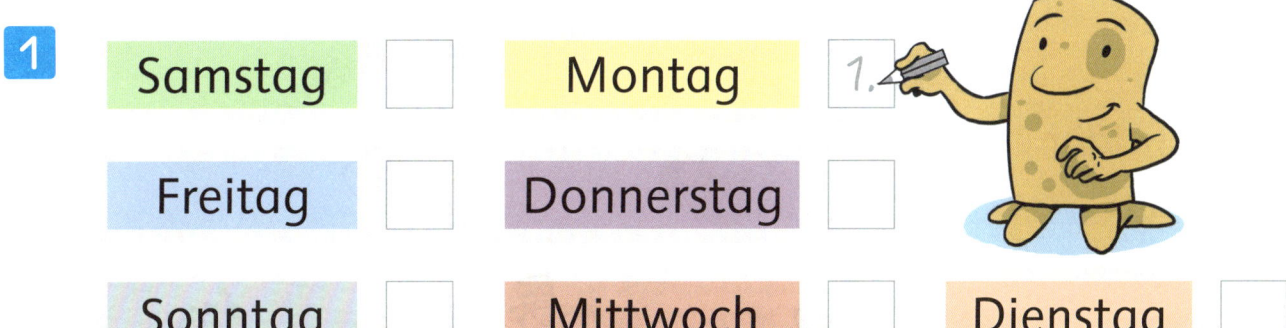

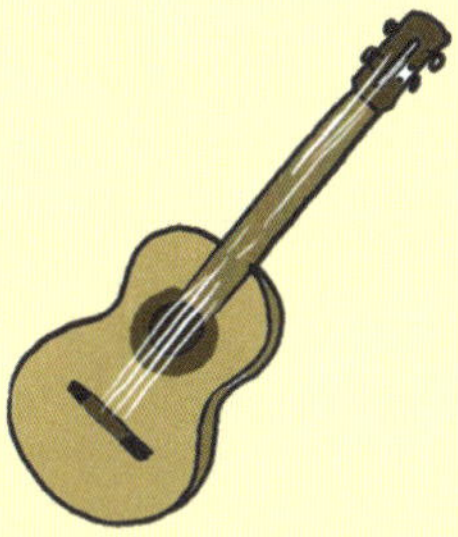

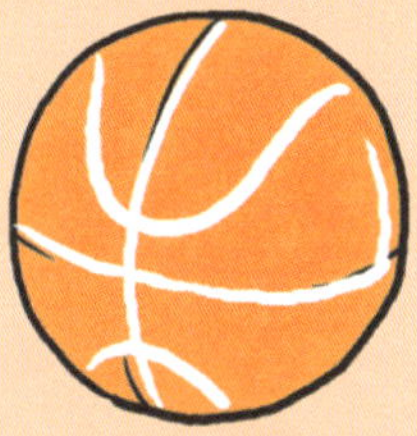

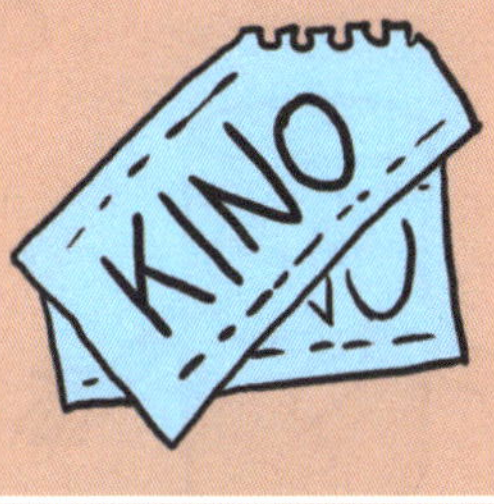

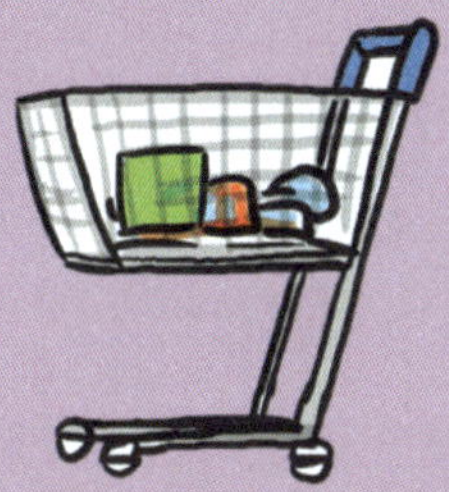

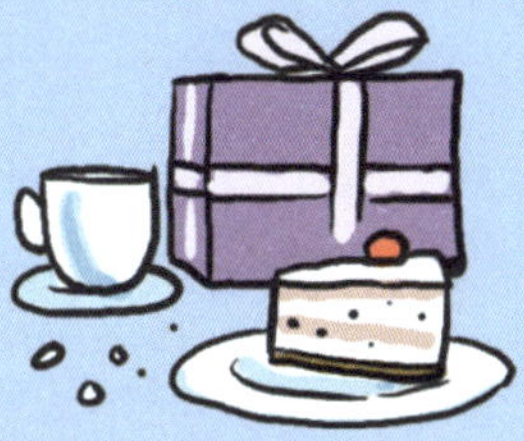

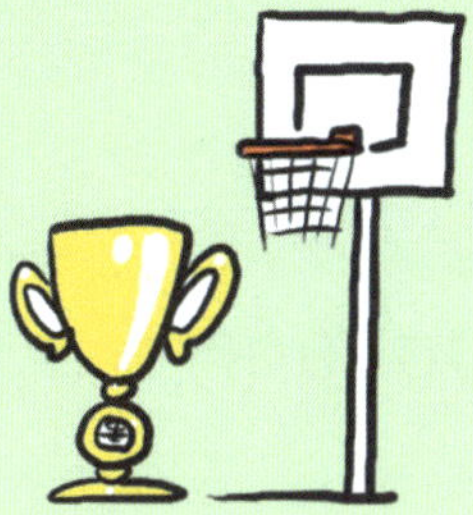

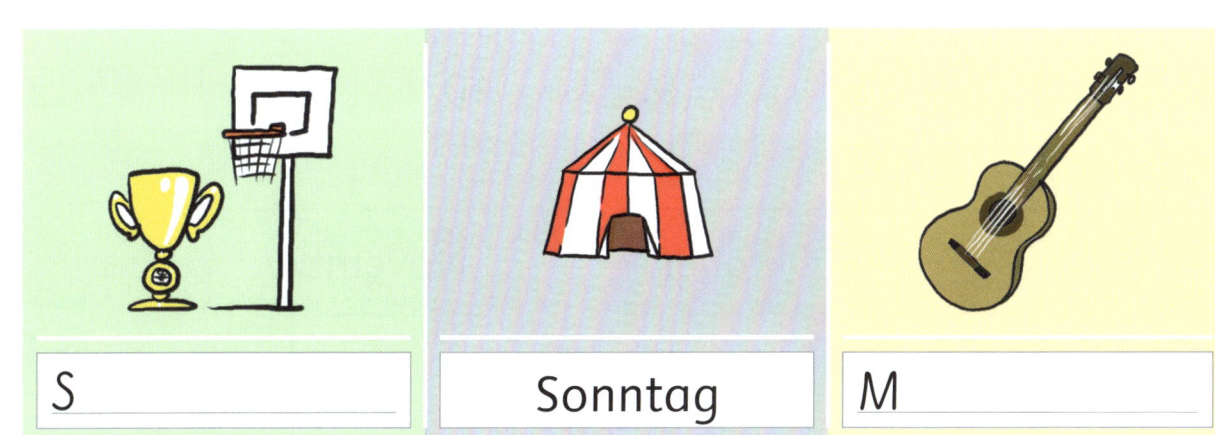

Das Jahr

Das Jahr hat 12 Monate.

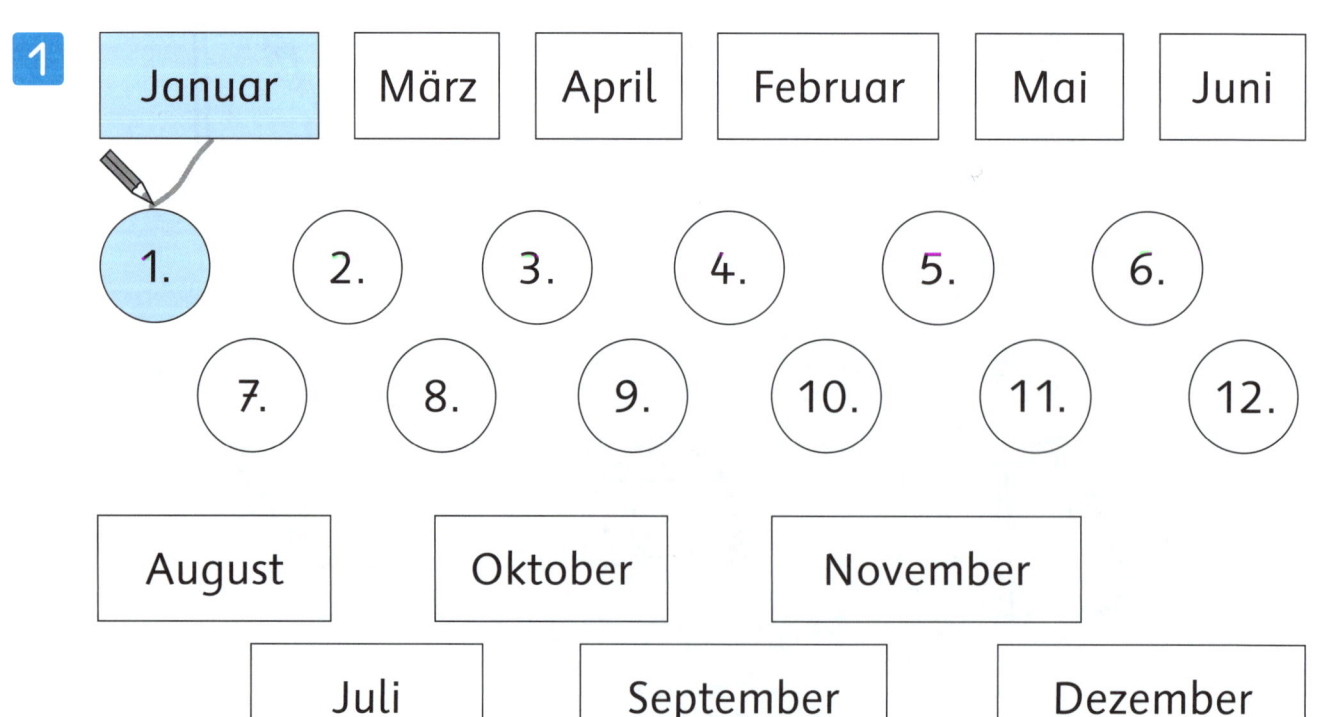

1

| Januar | März | April | Februar | Mai | Juni |

(1.) (2.) (3.) (4.) (5.) (6.)

(7.) (8.) (9.) (10.) (11.) (12.)

| August | Oktober | November |

| Juli | September | Dezember |

Monate und Jahreszeiten kennenlernen
1 die Monate und ihre Stellung im Jahr durch Linien
verbinden, farblich gleich kennzeichnen

So gut kann ich die Aufgaben: ✓ ?

1

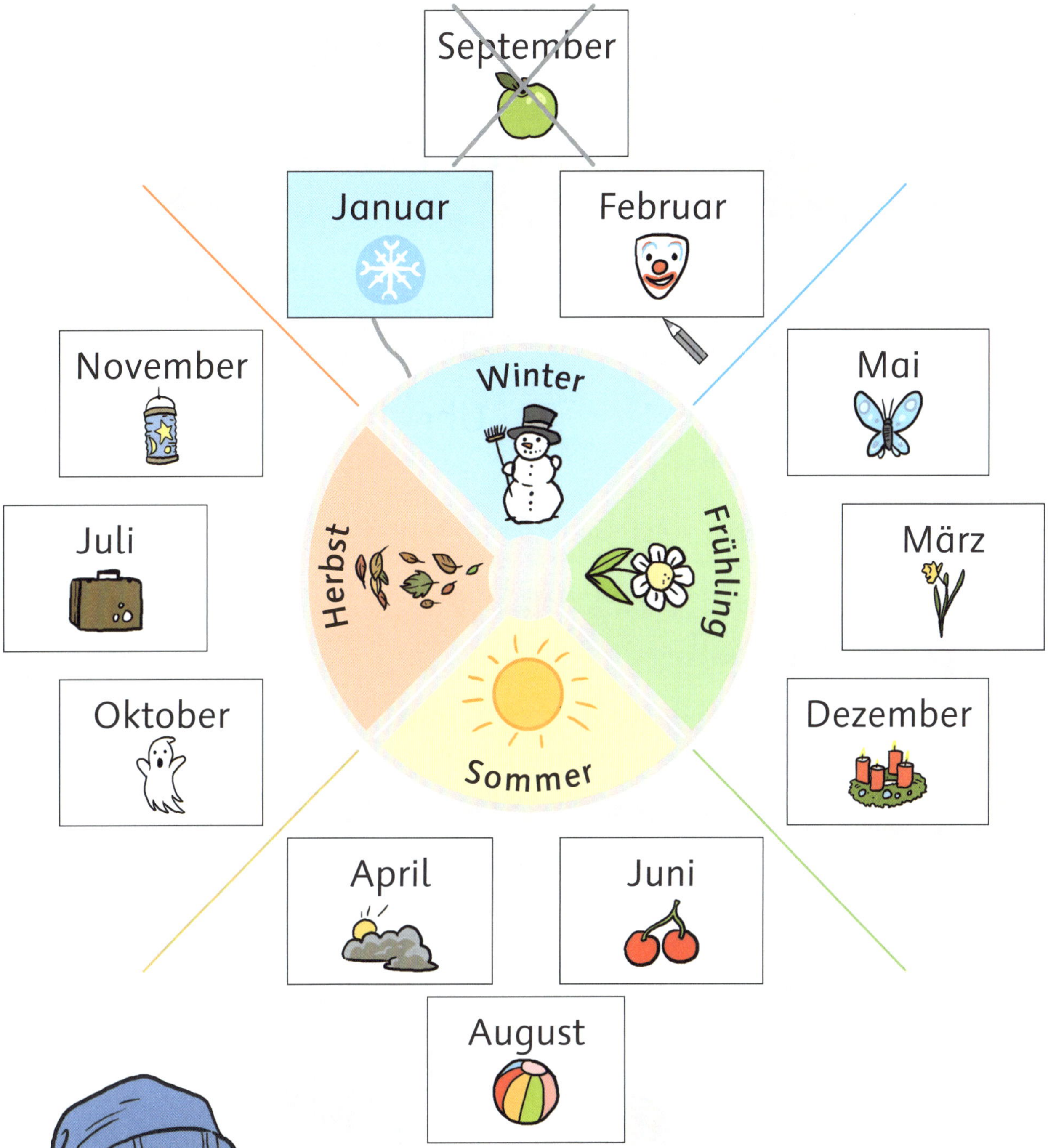

September

Januar

Februar

November

Mai

Winter

Juli

Herbst

Frühling

März

Oktober

Sommer

Dezember

April

Juni

August

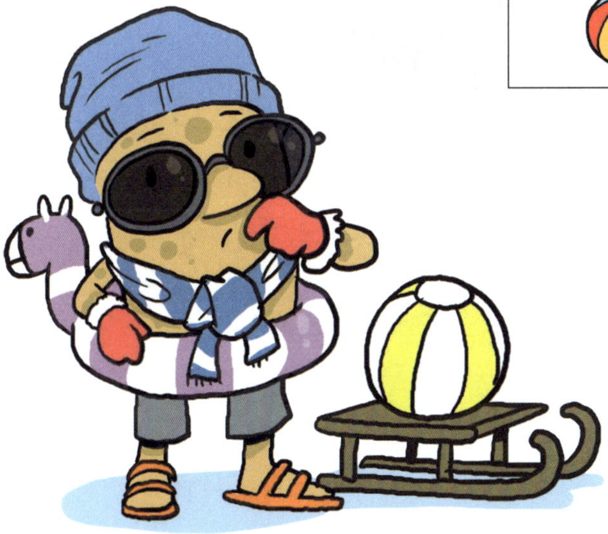

Zeit

1

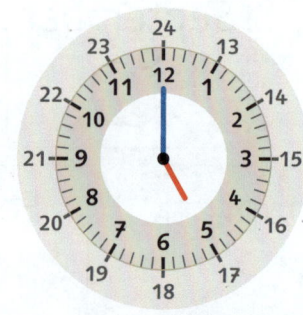

| ☐ Uhr |
| ☐ Uhr |

| ☐ Uhr |
| ☐ Uhr |

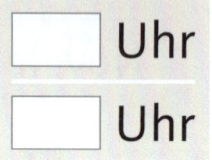

| ☐ Uhr |
| ☐ Uhr |

2

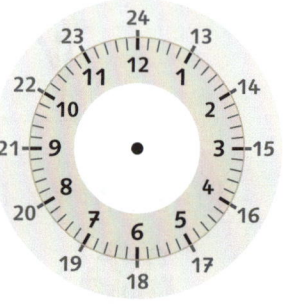

6 Uhr
18 Uhr

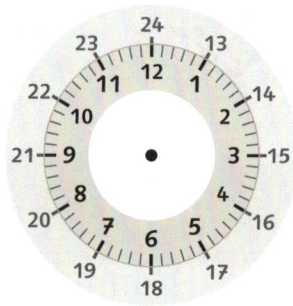

8 Uhr
20 Uhr

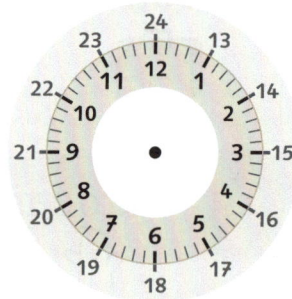

3 Uhr
15 Uhr

3

○ 4 Uhr
○ 16 Uhr

○ 2 Uhr
○ 14 Uhr